Outils et Technologies Essentiels pour Maîtriser l'IA et les Agents IA

Guide Ultime pour Maîtriser l'IA : De Débutant à Expert en Intelligence Artificielle

L'intelligence artificielle est en train de redéfinir le monde, ouvrant la voie à des avancées spectaculaires dans tous les domaines : médecine, finance, industrie, cybersécurité, et bien plus encore. Aujourd'hui, les modèles d'IA comme ChatGPT, AlphaFold, Tesla FSD, et DeepMind AlphaZero repoussent les limites de ce qui était autrefois considéré comme impossible.

Si vous souhaitez devenir un expert en IA, que ce soit pour développer des agents autonomes, créer des modèles de machine learning puissants, ou optimiser les grands modèles de langage (LLM), il est essentiel de connaître et de maîtriser les outils et technologies les plus performants.

Ce guide vous fournira une feuille de route claire sur :
+ Les langages et frameworks indispensables pour construire des modèles d'IA.
+ Les bibliothèques de machine learning et deep learning comme TensorFlow et PyTorch.
+ Les outils pour le NLP et les LLM pour travailler avec des IA comme ChatGPT, LLaMA, et Falcon.
+ Les frameworks pour développer des agents IA autonomes, du simple chatbot aux systèmes multi-agents avancés.
+ Les solutions pour la vision par ordinateur, l'IA vocale et l'optimisation des performances.
+ Les plateformes et outils MLOps pour déployer des modèles IA à grande échelle.
+ Les dernières avancées en IA quantique et en IA embarquée pour l'avenir.

Que vous soyez débutant, développeur expérimenté ou ingénieur IA, ce guide vous donnera toutes les clés pour exceller dans l'univers fascinant de l'intelligence artificielle. Préparez-vous à plonger dans l'une des technologies les plus révolutionnaires du XXIe siècle !

Pour devenir un expert en intelligence artificielle (IA), vous devez maîtriser plusieurs domaines, allant des frameworks de machine learning au développement d'agents IA, en passant par les LLM (Large Language Models) et le MLOps (Machine Learning Operations). Voici un guide complet :

Chapitre 1. Langages de Programmation & Frameworks

Le choix du langage de programmation est une étape cruciale pour tout développeur en intelligence artificielle. Certains langages sont optimisés pour l'expérimentation et la flexibilité, tandis que d'autres sont privilégiés pour les performances et la sécurité. Ce chapitre détaille les langages essentiels pour le développement en IA, ainsi que leurs principales applications et cas d'usage.

1. Python : Le langage incontournable pour l'IA

Python est le langage de référence dans le domaine de l'intelligence artificielle. Il est utilisé aussi bien par les chercheurs que par les ingénieurs en production grâce à sa syntaxe simple, sa large communauté et son écosystème riche en bibliothèques spécialisées.

Pourquoi Python est-il essentiel pour l'IA ?

- Simplicité et lisibilité : Sa syntaxe claire permet aux chercheurs et ingénieurs de se concentrer sur les concepts plutôt que sur la complexité du langage.
- Écosystème riche : Des bibliothèques comme TensorFlow, PyTorch, Scikit-learn, OpenCV et Pandas offrent des outils puissants pour le machine learning, la vision par ordinateur et le traitement du langage naturel.
- Grande communauté : Python bénéficie d'une immense communauté active qui contribue à l'amélioration des frameworks et propose des ressources pédagogiques abondantes.

Exemple d'utilisation : Régression linéaire avec Scikit-learn

```
import numpy as np
from sklearn.linear_model import LinearRegression

# Données d'exemple
X = np.array([[1], [2], [3], [4], [5]])
y = np.array([2, 4, 6, 8, 10])

# Modèle de régression linéaire
model = LinearRegression()
model.fit(X, y)

# Prédiction
```

```
prediction = model.predict([[6]])
print("Prédiction pour X=6 :", prediction)
```

Dans cet exemple, Python permet d'entraîner un modèle de régression linéaire en quelques lignes de code, illustrant sa puissance et sa simplicité.

2. C++ : Performances optimisées pour l'IA

C++ est un langage largement utilisé dans les applications IA nécessitant des performances élevées, comme la vision par ordinateur, l'IA embarquée et les jeux vidéo. Il est notamment utilisé dans des bibliothèques comme TensorRT, OpenCV et certaines parties de PyTorch et TensorFlow.

Pourquoi utiliser C++ pour l'IA ?

- Exécution rapide : C++ est plus rapide que Python, ce qui est essentiel pour les modèles nécessitant une faible latence.
- Gestion efficace de la mémoire : Contrairement à Python, qui repose sur un ramasse-miettes (garbage collector), C++ permet un contrôle précis de l'allocation mémoire.
- Interopérabilité avec Python : Beaucoup de frameworks IA, comme PyTorch et TensorFlow, utilisent des composants C++ pour accélérer l'exécution des algorithmes.

Exemple d'utilisation : Détection d'objets avec OpenCV

```cpp
#include <opencv2/opencv.hpp>
#include <iostream>

int main() {
    cv::Mat image = cv::imread("image.jpg");  // Charger une image

    if(image.empty()) {
        std::cout << "Erreur : Impossible de charger l'image" << std::endl;
        return -1;
    }
```

```cpp
    cv::cvtColor(image, image, cv::COLOR_BGR2GRAY);  // Convertir en niveaux de gris
    cv::imshow("Image en niveaux de gris", image);
    cv::waitKey(0);

    return 0;
}
```

Dans cet exemple, C++ est utilisé avec OpenCV pour charger une image et la convertir en niveaux de gris. Ce type de traitement est courant dans les applications de vision par ordinateur.

3. Rust : Sécurité et performance pour l'IA embarquée

Rust est un langage émergent qui combine les performances du C++ avec une gestion de mémoire sécurisée. Il est de plus en plus utilisé dans les domaines de l'edge computing, de l'IA embarquée et des systèmes critiques.

Pourquoi Rust est-il intéressant pour l'IA ?

- Sécurité mémoire : Contrairement à C++, Rust empêche les erreurs courantes de gestion de mémoire (fuites, dépassements de tampon).
- Excellentes performances : Rust est aussi rapide que C++ tout en garantissant une meilleure sûreté d'exécution.
- Interopérabilité avec Python et C++ : Il peut être utilisé pour développer des bibliothèques optimisées à intégrer avec d'autres langages.

Exemple d'utilisation : Chargement et manipulation de données avec ndarray

```rust
use ndarray::Array2;

fn main() {
    let matrix = Array2::from_shape_vec((2, 2), vec![1, 2, 3, 4]).unwrap();
    println!("{}", matrix);
}
```

Cet exemple illustre comment Rust peut être utilisé pour la manipulation de données avec la bibliothèque ndarray, qui est l'équivalent de NumPy en Python.

4. Julia : Calcul haute performance pour l'IA scientifique

Julia est un langage conçu pour le calcul scientifique et numérique, avec des performances comparables à celles de C++. Il est utilisé pour des applications en modélisation mathématique, intelligence artificielle et calcul parallèle.

Pourquoi Julia pour l'IA ?

- Optimisé pour le calcul scientifique : Il est utilisé dans des domaines comme la biologie computationnelle, la finance quantitative et la simulation physique.
- Performances élevées : Julia est compilé Just-In-Time (JIT), ce qui lui permet d'être plus rapide que Python dans certaines applications.
- Facilité d'utilisation : Sa syntaxe est plus simple que celle de C++, tout en offrant une exécution rapide.

Exemple d'utilisation : Régression logistique avec Flux.jl

```
using Flux

# Données d'entraînement
X = [0.0 1.0; 1.0 0.0]
y = [0.0, 1.0]

# Modèle de régression logistique
model = Dense(2, 1, sigmoid)
loss(x, y) = Flux.Losses.mse(model(x), y)

# Entraînement du modèle
opt = Descent(0.1)
for _ in 1:100
    Flux.train!(loss, params(model), [(X, y)], opt)
end

println("Poids entraînés :", model.weight)
```

Dans cet exemple, Flux.jl est utilisé pour entraîner un modèle de régression logistique en Julia. Ce type d'application est fréquent en IA scientifique.

Conclusion

Le choix du langage de programmation dépend du contexte et des objectifs du projet IA :

- Python est le langage principal pour le machine learning et l'expérimentation rapide.
- C++ est privilégié pour les systèmes haute performance et la vision par ordinateur.
- Rust est idéal pour les systèmes embarqués et sécurisés.
- Julia est adapté aux applications scientifiques nécessitant des calculs intensifs.

Dans les chapitres suivants, nous explorerons en détail les principaux frameworks et outils qui permettent d'exploiter ces langages pour créer des modèles d'intelligence artificielle performants.

Chapitre 2. Frameworks de Machine Learning & Deep Learning

Les frameworks de machine learning et de deep learning jouent un rôle fondamental dans le développement et l'optimisation des modèles d'intelligence artificielle. Ils offrent des outils puissants pour l'entraînement, l'évaluation et le déploiement de modèles, qu'ils soient utilisés en recherche ou en production.

Ce chapitre présente les frameworks les plus populaires, en expliquant leurs spécificités et en fournissant des exemples d'utilisation.

1. TensorFlow : La solution de deep learning de Google

TensorFlow est un framework open-source développé par Google. Il est conçu pour le deep learning à grande échelle, avec des applications en vision par ordinateur, traitement du langage naturel et IA pour les systèmes embarqués. Il est utilisé aussi bien en recherche qu'en production, grâce à sa flexibilité et à son efficacité sur les architectures distribuées.

Pourquoi utiliser TensorFlow ?

- Performances élevées : Optimisé pour le calcul parallèle sur GPU et TPU.
- Déploiement facile : Compatible avec TensorFlow Serving, TensorFlow Lite (pour mobiles) et TensorFlow.js (pour le web).
- Support industriel : Utilisé par des entreprises comme Google, Airbnb et NVIDIA.

Exemple d'utilisation : Réseau de neurones avec TensorFlow

```
import tensorflow as tf
from tensorflow import keras
import numpy as np

# Données d'exemple
X = np.array([[1], [2], [3], [4], [5]], dtype=np.float32)
y = np.array([[2], [4], [6], [8], [10]], dtype=np.float32)

# Modèle simple de réseau de neurones
```

```
model = keras.Sequential([
    keras.layers.Dense(1, input_shape=[1])
])

# Compilation du modèle
model.compile(optimizer='sgd', loss='mean_squared_error')

# Entraînement
model.fit(X, y, epochs=500, verbose=0)

# Prédiction
print("Prédiction pour X=6 :", model.predict([[6]]))
```

Dans cet exemple, TensorFlow est utilisé pour entraîner un réseau de neurones simple, illustrant sa facilité d'utilisation pour des tâches de régression.

2. PyTorch : Flexibilité et expérimentation

PyTorch est un framework développé par Meta (anciennement Facebook). Il est largement adopté par les chercheurs pour son approche dynamique et intuitive du deep learning. Contrairement à TensorFlow, PyTorch permet une plus grande flexibilité dans la conception des modèles et facilite l'expérimentation.

Pourquoi utiliser PyTorch ?

- Graphes computationnels dynamiques : Permet de modifier le modèle à la volée, utile pour les architectures complexes.
- Facilité de débogage : Compatible avec des outils comme Python Debugger (pdb) et PyCharm.
- Adopté en recherche : Utilisé par des institutions comme OpenAI et DeepMind.

Exemple d'utilisation : Réseau de neurones avec PyTorch

```
import torch
import torch.nn as nn
import torch.optim as optim

# Données d'exemple
X = torch.tensor([[1], [2], [3], [4], [5]], dtype=torch.float32)
```

8

```
y = torch.tensor([[2], [4], [6], [8], [10]], dtype=torch.float32)

# Définition du modèle
model = nn.Linear(1, 1)

# Fonction de perte et optimiseur
criterion = nn.MSELoss()
optimizer = optim.SGD(model.parameters(), lr=0.01)

# Entraînement
for epoch in range(500):
    optimizer.zero_grad()
    output = model(X)
    loss = criterion(output, y)
    loss.backward()
    optimizer.step()

# Prédiction
with torch.no_grad():
    print("Prédiction pour X=6 :", model(torch.tensor([[6.0]])))
```

Cet exemple montre comment entraîner un modèle avec PyTorch en utilisant un réseau de neurones simple et l'optimisation par descente de gradient.

3. JAX : La nouvelle génération de frameworks IA

JAX est une alternative à TensorFlow et PyTorch développée par Google. Il est conçu pour être ultra-rapide grâce à l'accélération GPU et TPU et est utilisé par DeepMind pour l'entraînement de modèles avancés.

Pourquoi utiliser JAX ?

- Optimisé pour le calcul parallèle : Utilise XLA (Accelerated Linear Algebra) pour des performances optimales.
- Différenciation automatique avancée : Permet une gestion efficace des gradients.
- Compatible avec NumPy : Facilite la transition depuis d'autres frameworks.

Exemple d'utilisation : Régression linéaire avec JAX

```python
import jax.numpy as jnp
from jax import grad, jit
import jax

# Fonction de coût pour une régression linéaire
def loss(w, X, y):
    y_pred = jnp.dot(X, w)
    return jnp.mean((y - y_pred) ** 2)

# Données d'exemple
X = jnp.array([[1.0], [2.0], [3.0], [4.0], [5.0]])
y = jnp.array([2.0, 4.0, 6.0, 8.0, 10.0])
w = jnp.array([0.0])

# Calcul du gradient de la perte
gradient_fn = grad(loss)
grad_w = gradient_fn(w, X, y)

print("Gradient calculé :", grad_w)
```

Cet exemple montre comment JAX simplifie la différenciation automatique, un élément clé du deep learning.

4. Keras : API haut niveau pour un prototypage rapide

Keras est une API haut niveau intégrée à TensorFlow. Elle est conçue pour simplifier le développement de modèles en rendant l'écriture du code plus intuitive et modulaire.

Pourquoi utiliser Keras ?

- Facile à apprendre : Syntaxe simple adaptée aux débutants.
- Intégré à TensorFlow : Compatible avec toute l'infrastructure TensorFlow.
- Idéal pour le prototypage rapide : Permet de tester des idées rapidement avant un passage en production.

Exemple d'utilisation : Réseau de neurones avec Keras

```python
from tensorflow import keras

# Définition du modèle avec Keras
model = keras.Sequential([
    keras.layers.Dense(64, activation='relu', input_shape=(10,)),
    keras.layers.Dense(32, activation='relu'),
    keras.layers.Dense(1, activation='sigmoid')
])

# Compilation du modèle
model.compile(optimizer='adam', loss='binary_crossentropy', metrics=['accuracy'])

print(model.summary())
```

Dans cet exemple, Keras permet de créer rapidement un réseau de neurones, sans avoir à gérer la complexité de TensorFlow directement.

Conclusion

Le choix du framework dépend des besoins spécifiques de chaque projet IA :

- TensorFlow est recommandé pour les projets nécessitant stabilité, performances et déploiement à grande échelle.
- PyTorch est privilégié pour la recherche et l'expérimentation, grâce à son approche flexible.
- JAX est une solution de nouvelle génération, optimisée pour le calcul parallèle et l'accélération matérielle.
- Keras est idéal pour le prototypage rapide et les applications nécessitant une API intuitive.

Chapitre 3. Frameworks pour Agents IA & Apprentissage par Renforcement (RL)

L'apprentissage par renforcement (Reinforcement Learning, RL) est une approche clé pour le développement d'agents autonomes capables d'apprendre en interagissant avec leur environnement. Ces agents sont utilisés dans divers domaines, tels que les jeux vidéo, la robotique, la finance et les systèmes autonomes.

Ce chapitre présente les principaux frameworks utilisés pour l'entraînement et l'évaluation d'agents IA en RL, avec des explications détaillées et des exemples d'implémentation.

1. Stable-Baselines3 (SB3) : Framework RL pour agents autonomes

Stable-Baselines3 (SB3) est une bibliothèque open-source basée sur PyTorch, spécialisée dans l'apprentissage par renforcement. Elle implémente des algorithmes RL avancés (DQN, PPO, A2C, SAC, etc.) et offre une interface simplifiée pour entraîner et tester des agents IA.

Pourquoi utiliser SB3 ?

- Facilité d'utilisation : Interface intuitive pour entraîner des agents rapidement.
- Algorithmes RL optimisés : Implémentations robustes et performantes.
- Compatible avec Gymnasium : Permet d'entraîner des agents dans divers environnements simulés.

Exemple d'entraînement d'un agent RL avec SB3

```
import gymnasium as gym
from stable_baselines3 import PPO

# Création de l'environnement (CartPole)
env = gym.make("CartPole-v1")

# Initialisation du modèle PPO
model = PPO("MlpPolicy", env, verbose=1)

# Entraînement de l'agent
```

```
model.learn(total_timesteps=10000)

# Test de l'agent entraîné
obs, _ = env.reset()
for _ in range(1000):
    action, _ = model.predict(obs)
    obs, reward, done, truncated, info = env.step(action)
    if done:
        obs, _ = env.reset()

env.close()
```

Dans cet exemple, un agent apprend à équilibrer un bâton sur un chariot (CartPole) en utilisant l'algorithme PPO.

2. RLlib : Bibliothèque RL évolutive pour applications à grande échelle

RLlib, développé par Ray, est conçu pour entraîner des agents IA sur des infrastructures distribuées. Il est particulièrement utilisé pour les environnements complexes nécessitant des ressources massives, comme les systèmes financiers, la gestion de trafic et les simulations industrielles.

Pourquoi utiliser RLlib ?

- Évolutivité : Prend en charge l'entraînement sur plusieurs machines et GPU.
- Large choix d'algorithmes : Implémente PPO, DQN, A3C, SAC, etc.
- Intégration avec Ray Tune : Permet l'optimisation automatique des hyperparamètres.

Exemple d'entraînement d'un agent avec RLlib

```
from ray.rllib.algorithms.ppo import PPOConfig
import gymnasium as gym
import ray

# Initialisation de Ray
ray.init()
```

```
# Configuration de l'algorithme PPO
config = PPOConfig().training(gamma=0.99, lr=0.0003).environment(env="CartPole-
v1")

# Création de l'agent
agent = config.build()

# Entraînement
for i in range(10):
    result = agent.train()
    print(f"Episode {i}, Reward moyen : {result['episode_reward_mean']}")

ray.shutdown()
```

Cet exemple montre comment entraîner un agent avec RLlib en exploitant la puissance de Ray pour du calcul distribué.

3. Gymnasium (ex-OpenAI Gym) : Simulateur d'environnements RL

Gymnasium (anciennement OpenAI Gym) est une bibliothèque essentielle pour tester et valider les algorithmes RL. Elle fournit une collection d'environnements simulés permettant aux agents d'apprendre des tâches variées, comme la navigation, la manipulation d'objets et la prise de décision.

Pourquoi utiliser Gymnasium ?

- Large choix d'environnements : CartPole, Atari, MuJoCo, Robotics, etc.
- Standard de l'apprentissage par renforcement : Compatible avec SB3, RLlib, et d'autres frameworks.
- Extensible : Permet de créer des environnements personnalisés.

Exemple d'utilisation de Gymnasium

```
import gymnasium as gym

# Création d'un environnement de test
env = gym.make("MountainCar-v0")
```

```
# Initialisation de l'environnement
obs, _ = env.reset()

# Boucle d'exécution de l'agent aléatoire
for _ in range(1000):
    action = env.action_space.sample()  # Action aléatoire
    obs, reward, done, truncated, info = env.step(action)
    env.render()
    if done:
        obs, _ = env.reset()

env.close()
```

Cet exemple montre comment tester un agent RL dans l'environnement MountainCar, où l'objectif est de pousser une voiture jusqu'au sommet d'une colline.

4. Unity ML-Agents : Formation d'agents IA pour les jeux et simulations

Unity ML-Agents est un framework développé par Unity pour entraîner des agents IA dans des environnements 3D interactifs. Il est particulièrement utilisé pour les jeux vidéo, la robotique et la simulation de systèmes complexes.

Pourquoi utiliser Unity ML-Agents ?

- Environnements 3D avancés : Permet d'entraîner des agents dans des mondes réalistes.
- Support multi-agents : Possibilité de faire interagir plusieurs agents en même temps.
- Compatible avec TensorFlow et PyTorch : Utilisation d'algorithmes RL variés.

Exemple d'utilisation avec Unity ML-Agents

1. Installer Unity ML-Agents :
2. pip install mlagents
3. Lancer un environnement Unity et entraîner un agent :
4. from mlagents_envs.environment import UnityEnvironment
5.

```
6.  # Charger un environnement Unity (ex: un jeu)
7.  env = UnityEnvironment(file_name="Chemin/vers/l'environnement")
8.
9.  # Lancer l'environnement
10. env.reset()
11.
12. # Interaction de l'agent avec l'environnement
13. behavior_name = list(env.behavior_specs.keys())[0]
14. for _ in range(1000):
15.     decision_steps, terminal_steps = env.get_steps(behavior_name)
16.     action = decision_steps.agent_id * 0   # Action aléatoire
17.     env.set_actions(behavior_name, action)
18.     env.step()
19.
20. env.close()
```

Dans cet exemple, Unity ML-Agents permet de tester un agent RL dans un environnement 3D, ouvrant la voie à des applications en simulation avancée et en jeux vidéo.

Conclusion

Le choix du framework RL dépend des objectifs et des contraintes du projet :

- Stable-Baselines3 est idéal pour entraîner rapidement des agents RL avec des implémentations robustes d'algorithmes populaires.
- RLlib est recommandé pour les applications RL à grande échelle, nécessitant du calcul distribué et de l'optimisation avancée.
- Gymnasium est un outil fondamental pour tester des agents RL dans des environnements standardisés et créer de nouveaux environnements.
- Unity ML-Agents permet de développer des agents IA dans des mondes 3D complexes, adaptés aux jeux et simulations avancées.

Chapitre 4. Outils pour les LLM (Large Language Models) & le NLP

Les Large Language Models (LLM) sont des modèles d'intelligence artificielle spécialisés dans le traitement du langage naturel (NLP). Ils sont utilisés pour la génération de texte, la traduction, la recherche sémantique et la compréhension du langage.

Ce chapitre explore les outils essentiels pour travailler avec ces modèles, en présentant leurs caractéristiques, leurs cas d'utilisation et des exemples concrets.

1. Hugging Face Transformers : Accès aux modèles LLM pré-entraînés

Hugging Face Transformers est la référence pour exploiter des modèles de langage avancés tels que GPT, LLaMA, Falcon et Mistral. Il permet de charger des modèles pré-entraînés et de les utiliser pour diverses tâches NLP.

Pourquoi utiliser Hugging Face ?

- Grande variété de modèles pré-entraînés (GPT, BERT, T5, LLaMA, Falcon, Mistral).
- Facilité d'utilisation avec une interface simple et efficace.
- Optimisé pour CPU & GPU pour des performances accrues.

Exemple d'utilisation : Génération de texte avec GPT-2

```
from transformers import pipeline

# Charger un pipeline de génération de texte avec GPT-2
generator = pipeline("text-generation", model="gpt2")

# Génération de texte
result = generator("L'intelligence artificielle va", max_length=50, do_sample=True)
print(result[0]['generated_text'])
```

Dans cet exemple, GPT-2 génère du texte en complétant une phrase donnée.

2. LangChain : Construire des agents IA avec des LLM

LangChain est un framework permettant d'enchaîner des appels à des LLM pour créer des agents IA avancés, comme des chatbots, assistants virtuels et systèmes de Q&A.

Pourquoi utiliser LangChain ?

- Facilite l'orchestration des appels aux LLM (GPT, LLaMA, Claude, etc.).
- Supporte l'intégration avec des bases de données et API externes.
- Permet la création d'agents autonomes capables de raisonner et d'interagir.

Exemple d'agent conversationnel avec LangChain et GPT-4

```
from langchain.llms import OpenAI
from langchain.chains import ConversationChain

# Charger le modèle GPT-4 via OpenAI API
llm = OpenAI(model_name="gpt-4", openai_api_key="VOTRE_CLE_API")

# Initialiser une chaîne de conversation
conversation = ConversationChain(llm=llm)

# Interaction avec l'agent
response = conversation.run("Explique-moi la théorie de la relativité.")
print(response)
```

Cet exemple montre comment LangChain permet de créer un agent capable de tenir une conversation logique.

3. LlamaIndex : Connecter les LLM à des bases de connaissances

LlamaIndex (ex-GPT Index) est une bibliothèque permettant de structurer et d'indexer des bases de données pour les rendre accessibles aux LLM. Il est souvent utilisé pour connecter un LLM à une base de documents et lui permettre d'y puiser des réponses précises.

Pourquoi utiliser LlamaIndex ?

- Permet aux LLM d'accéder à des bases de connaissances externes.
- Optimise la récupération d'information et le question-answering.
- Compatible avec LangChain et Hugging Face.

Exemple d'indexation de documents avec LlamaIndex

```
from llama_index import SimpleDirectoryReader, GPTVectorStoreIndex

# Charger des documents depuis un dossier
documents = SimpleDirectoryReader("data").load_data()

# Créer un index vectoriel pour interroger ces documents
index = GPTVectorStoreIndex.from_documents(documents)

# Interroger l'index
query_engine = index.as_query_engine()
response = query_engine.query("Quels sont les effets du changement climatique ?")
print(response)
```

Ici, LlamaIndex indexe des documents textuels et permet à un LLM de répondre à des questions précises en s'appuyant sur ces documents.

4. SentenceTransformers : Recherche sémantique et embeddings de texte

SentenceTransformers est une bibliothèque permettant d'obtenir des représentations vectorielles (embeddings) de phrases et de textes pour des applications comme la recherche sémantique, le clustering et la classification de texte.

Pourquoi utiliser SentenceTransformers ?

- Convertit du texte en vecteurs pour la recherche sémantique et la similarité de texte.
- Utilisé pour le clustering et l'analyse de documents.
- Optimisé pour des performances élevées sur CPU et GPU.

Exemple d'embeddings et de recherche de similarité

```python
from sentence_transformers import SentenceTransformer, util

# Charger un modèle pré-entraîné
model = SentenceTransformer("all-MiniLM-L6-v2")

# Créer des embeddings pour plusieurs phrases
sentences = ["L'IA transforme le monde", "Les réseaux de neurones sont puissants"]
embeddings = model.encode(sentences)

# Calculer la similarité entre deux phrases
similarity_score = util.pytorch_cos_sim(embeddings[0], embeddings[1])
print(f"Score de similarité : {similarity_score.item():.2f}")
```

Cet exemple montre comment mesurer la similarité entre des phrases, utile pour la recherche d'information et la détection de doublons.

Conclusion

Les outils NLP et LLM permettent de développer des solutions avancées d'intelligence artificielle :

- Hugging Face Transformers donne accès aux meilleurs modèles de génération et compréhension du langage.
- LangChain est essentiel pour créer des agents IA autonomes exploitant les LLM.
- LlamaIndex connecte les LLM à des bases de connaissances externes, améliorant leur pertinence.
- SentenceTransformers optimise la recherche sémantique et l'analyse de texte.

Chapitre 5. Agents IA & Systèmes Autonomes

Les agents IA sont des systèmes capables d'effectuer des tâches complexes de manière autonome, en interagissant avec leur environnement et en s'améliorant grâce à des processus d'apprentissage. Ces agents sont utilisés pour l'automatisation des workflows, la planification stratégique, et l'exploration de mondes virtuels.

Ce chapitre explore les outils les plus avancés dans ce domaine, en détaillant leurs fonctionnalités et leurs cas d'application.

1. AutoGPT & BabyAGI : Agents IA pour l'automatisation des workflows

AutoGPT et BabyAGI sont des projets open-source qui utilisent des LLM (Large Language Models) comme GPT-4 pour automatiser des tâches complexes en simulant un raisonnement humain.

Pourquoi utiliser AutoGPT et BabyAGI ?

- Capables de planifier et d'exécuter des tâches sans supervision humaine.
- Intégration avec des API, des bases de données et le web pour la prise de décision.
- Auto-apprentissage et amélioration continue des actions.

Exemple d'utilisation : Lancer un agent AutoGPT

```
from autogpt.agents import AutoGPT
from autogpt.config import Config

# Configuration de l'agent AutoGPT
config = Config()
config.api_key = "VOTRE_CLE_OPENAI"

# Création d'un agent IA autonome
agent = AutoGPT("Assistant de recherche", config)
agent.run("Trouve-moi les dernières tendances en intelligence artificielle.")
```

Dans cet exemple, AutoGPT explore les dernières tendances IA en interrogeant des sources en ligne et en synthétisant l'information.

2. Voyager : IA auto-améliorante pour les jeux vidéo

Voyager est un agent IA conçu pour Minecraft, capable de s'auto-améliorer en apprenant de ses erreurs. Il s'appuie sur un modèle de reinforcement learning (RL) et GPT-4 pour apprendre à survivre, explorer et fabriquer des outils dans l'univers du jeu.

Pourquoi Voyager est innovant ?

- Premier agent IA capable d'auto-apprentissage dans Minecraft.
- Utilise GPT-4 pour générer et améliorer son propre code.
- Démonstration avancée d'un agent IA capable d'autonomie totale.

Exemple d'interaction avec Voyager

Voyager analyse son environnement et ajuste ses actions en fonction de l'expérience accumulée. Voici un aperçu de son cycle d'apprentissage :

1. Observation de l'environnement.
2. Génération d'un plan d'action (ex. : construire un abri).
3. Exécution de l'action et évaluation du succès.
4. Amélioration des stratégies grâce au feedback.

Voyager est une illustration puissante du potentiel des IA autonomes dans des environnements interactifs.

3. CICERO de Meta AI : Raisonnement stratégique et diplomatie IA

CICERO, développé par Meta AI, est le premier agent IA capable de raisonner et de négocier dans des jeux de stratégie comme *Diplomacy*. Il combine NLP et planification stratégique pour collaborer avec des humains en adoptant une approche diplomatique et persuasive.

Pourquoi CICERO est révolutionnaire ?

- Capable de collaborer et de négocier avec des joueurs humains.
- Utilise le langage naturel pour influencer ses adversaires.
- Apprend de ses interactions et ajuste sa stratégie en conséquence.

Cas d'utilisation potentiel : Simulations multi-agents

CICERO ouvre la voie à des applications avancées dans des domaines comme :

- La simulation économique (optimisation des échanges commerciaux).
- Les jeux stratégiques (gestion de ressources, guerre, diplomatie).
- L'intelligence collective (prise de décision dans des systèmes multi-agents).

Meta AI ne propose pas encore une version open-source de CICERO, mais son approche inspire les futurs agents IA stratégiques.

4. AgentGPT & CrewAI : Frameworks pour la gestion de workflows multi-agents

AgentGPT et CrewAI permettent de créer et gérer des équipes d'agents IA, où chaque agent a un rôle spécifique. Ces outils sont particulièrement utiles pour les workflows d'automatisation complexes nécessitant plusieurs agents IA spécialisés.

Pourquoi utiliser AgentGPT et CrewAI ?

- Orchestration d'équipes d'agents IA pour automatiser des tâches complexes.
- Possibilité de définir des rôles précis (ex. : chercheur, rédacteur, analyste).
- Idéal pour l'exécution de tâches longues nécessitant plusieurs étapes.

Exemple : Création d'une équipe d'agents IA avec CrewAI

```
from crewai import Agent, Task, Crew

# Définition de deux agents IA avec des rôles différents
chercheur = Agent(name="Chercheur", role="Analyse les tendances IA", model="gpt-4")
rédacteur = Agent(name="Rédacteur", role="Rédige un rapport basé sur les recherches", model="gpt-4")

# Création des tâches attribuées aux agents
```

```
tâche_recherche = Task(description="Récupérer les dernières tendances en IA",
agent=chercheur)
tâche_rédaction = Task(description="Rédiger un article basé sur les tendances",
agent=rédacteur)

# Organisation des agents en équipe
équipe = Crew(agents=[chercheur, rédacteur], tasks=[tâche_recherche,
tâche_rédaction])
équipe.kickoff()
```

Dans cet exemple, CrewAI permet de coordonner une équipe d'agents IA pour effectuer une tâche complète de recherche et de rédaction.

Conclusion

Les agents IA évoluent rapidement et deviennent capables d'accomplir des tâches de plus en plus complexes de manière autonome.

- AutoGPT & BabyAGI sont idéaux pour l'automatisation de workflows.
- Voyager montre le potentiel des agents auto-apprenants dans les jeux vidéo.
- CICERO introduit le raisonnement stratégique et la diplomatie IA.
- AgentGPT & CrewAI facilitent la gestion d'équipes d'agents IA pour des workflows avancés.

Chapitre 6. Traitement & Ingénierie des Données

L'ingénierie des données est une étape cruciale dans le développement d'applications d'intelligence artificielle. Les modèles d'IA nécessitent des données propres, bien structurées et efficacement traitées. Ce chapitre explore les outils les plus puissants pour manipuler, transformer et optimiser les jeux de données, allant de petits ensembles manipulés avec Pandas à des traitements massifs avec Apache Spark.

1. Pandas : Manipulation des Données en Python

Pandas est la bibliothèque incontournable pour la manipulation et l'analyse des données en Python. Elle permet de traiter des données tabulaires (comme des fichiers CSV, Excel, ou des bases SQL) et d'effectuer des transformations complexes facilement.

Pourquoi utiliser Pandas ?

- Manipulation simple et intuitive des tableaux de données (*DataFrames*).
- Support pour de nombreux formats de fichiers (CSV, Excel, JSON, SQL).
- Fonctions avancées de filtrage, regroupement et agrégation des données.

Exemple : Chargement et manipulation de données avec Pandas

```
import pandas as pd

# Chargement d'un fichier CSV
df = pd.read_csv("donnees.csv")

# Affichage des 5 premières lignes
print(df.head())

# Filtrer les lignes où la colonne 'score' est supérieure à 80
df_filtré = df[df["score"] > 80]

# Regrouper par catégorie et calculer la moyenne
df_groupé = df.groupby("categorie")["score"].mean()

print(df_groupé)
```

Avec Pandas, il est possible de nettoyer, transformer et analyser des données rapidement, ce qui en fait un outil indispensable en data science.

2. Dask : Traitement de Données Évolutif

Dask est une alternative à Pandas qui permet de traiter des datasets de grande taille en parallèle, sans surcharger la mémoire RAM. Il est particulièrement utile pour les grands fichiers CSV ou les ensembles de données distribués.

Pourquoi utiliser Dask ?

- Manipulation de données plus rapide grâce au traitement parallèle.
- Supporte les mêmes fonctions que Pandas, mais avec une meilleure gestion de la mémoire.
- Idéal pour travailler sur des machines avec plusieurs cœurs CPU.

Exemple : Utilisation de Dask pour charger un grand fichier CSV

```
import dask.dataframe as dd

# Chargement d'un grand fichier CSV
df = dd.read_csv("grandes_donnees.csv")

# Affichage des 5 premières lignes (nécessite .compute())
print(df.head().compute())

# Calcul de la moyenne d'une colonne
moyenne = df["valeur"].mean().compute()
print(moyenne)
```

Dask permet d'exécuter des opérations sur des millions de lignes sans surcharger la mémoire, rendant le traitement de gros volumes de données plus efficaces.

3. Apache Spark : Big Data et Pipelines IA

Apache Spark est un framework de calcul distribué utilisé pour le traitement massif de données. Il est particulièrement adapté aux projets de Big Data et aux pipelines d'apprentissage automatique nécessitant un traitement distribué sur plusieurs machines.

Pourquoi utiliser Apache Spark ?

- Peut gérer des pétaoctets de données réparties sur plusieurs serveurs.
- Intègre des bibliothèques d'IA et de machine learning (MLlib).
- Utilisable avec Python via PySpark.

Exemple : Chargement et manipulation de données avec PySpark

```
from pyspark.sql import SparkSession

# Création d'une session Spark
spark = SparkSession.builder.appName("Traitement Big Data").getOrCreate()

# Chargement d'un fichier CSV dans un DataFrame Spark
df = spark.read.csv("big_data.csv", header=True, inferSchema=True)

# Affichage des 5 premières lignes
df.show(5)

# Filtrer les données
df_filtré = df.filter(df["score"] > 80)

# Regrouper par catégorie et calculer la moyenne
df_groupé = df_filtré.groupBy("categorie").avg("score")

df_groupé.show()
```

Avec Spark, il est possible de traiter des données massives en quelques minutes, là où Pandas prendrait des heures voire des jours.

4. Polars : Alternative Ultra-Rapide à Pandas

Polars est une bibliothèque de manipulation de données plus rapide que Pandas, conçue pour tirer parti des architectures modernes de processeurs multi-cœurs.

Pourquoi utiliser Polars ?

- Jusqu'à 10 fois plus rapide que Pandas pour les gros datasets.
- Moins gourmand en mémoire grâce à un traitement en colonnes.
- Compatible avec Pandas pour une transition facile.

Exemple : Chargement et manipulation de données avec Polars

```python
import polars as pl

# Chargement d'un fichier CSV
df = pl.read_csv("donnees.csv")

# Affichage des 5 premières lignes
print(df.head())

# Filtrer les lignes où la colonne 'score' est supérieure à 80
df_filtré = df.filter(pl.col("score") > 80)

# Regrouper par catégorie et calculer la moyenne
df_groupé = df_filtré.groupby("categorie").agg(pl.col("score").mean())

print(df_groupé)
```

Polars est une alternative ultra-performante à Pandas pour ceux qui manipulent des datasets volumineux et ont besoin de performances accrues.

Conclusion

Le choix de l'outil dépend de la taille et de la complexité des données :

Outil	Cas d'utilisation
Pandas	Manipulation rapide de petits à moyens jeux de données
Dask	Traitement de gros datasets en parallèle
Apache Spark	Traitement de big data et pipelines distribués
Polars	Alternative rapide et optimisée à Pandas

Chapitre 7. Outils pour la Vision par Ordinateur (Computer Vision - CV)

La vision par ordinateur est un domaine clé de l'intelligence artificielle qui permet aux machines d'analyser, d'interpréter et de comprendre le contenu des images et vidéos. Elle est utilisée dans de nombreux domaines tels que la reconnaissance faciale, la conduite autonome, la surveillance, l'imagerie médicale et bien plus encore. Ce chapitre explore les outils et frameworks les plus populaires en vision par ordinateur.

1. OpenCV : Bibliothèque Classique pour le Traitement d'Images et de Vidéos

OpenCV (Open Source Computer Vision Library) est une bibliothèque open-source spécialisée dans le traitement d'images et de vidéos. Elle fournit des outils pour la détection d'objets, la reconnaissance faciale, la transformation d'images et bien plus encore.

Pourquoi utiliser OpenCV ?

- Compatible avec plusieurs langages (Python, C++, Java).
- Offre des algorithmes optimisés pour la vision par ordinateur.
- Supporte l'accélération matérielle avec CUDA pour de meilleures performances.

Exemple : Détection de Visages avec OpenCV

```
import cv2

# Chargement du classificateur en cascade pour la détection faciale
face_cascade = cv2.CascadeClassifier(cv2.data.haarcascades +
"haarcascade_frontalface_default.xml")

# Chargement d'une image
image = cv2.imread("photo.jpg")
gray = cv2.cvtColor(image, cv2.COLOR_BGR2GRAY)
```

```
# Détection des visages
faces = face_cascade.detectMultiScale(gray, scaleFactor=1.1, minNeighbors=5,
minSize=(30, 30))

# Dessiner des rectangles autour des visages détectés
for (x, y, w, h) in faces:
    cv2.rectangle(image, (x, y), (x+w, y+h), (0, 255, 0), 2)

# Afficher l'image avec les visages détectés
cv2.imshow("Visage détecté", image)
cv2.waitKey(0)
cv2.destroyAllWindows()
```

OpenCV est une bibliothèque polyvalente et efficace pour les tâches classiques de vision par ordinateur.

2. Detectron2 : Framework de Détection d'Objets de Facebook

Detectron2 est un framework développé par Meta AI (Facebook) pour la détection d'objets et la segmentation d'images. Il est basé sur PyTorch et permet d'entraîner des modèles avancés pour des tâches de vision par ordinateur.

Pourquoi utiliser Detectron2 ?

- Framework puissant basé sur PyTorch.
- Modèles pré-entraînés pour la détection et segmentation d'objets.
- Optimisé pour le deep learning et les applications en production.

Exemple : Détection d'Objets avec Detectron2

```
import torch
import detectron2
from detectron2.engine import DefaultPredictor
from detectron2.config import get_cfg
from detectron2.utils.visualizer import Visualizer
from detectron2.data import MetadataCatalog

# Configuration du modèle pré-entraîné
cfg = get_cfg()
```

```
cfg.merge_from_file("detectron2/configs/COCO-
InstanceSegmentation/mask_rcnn_R_50_FPN_3x.yaml")
cfg.MODEL.ROI_HEADS.SCORE_THRESH_TEST = 0.5
cfg.MODEL.WEIGHTS = "detectron2://COCO-
InstanceSegmentation/mask_rcnn_R_50_FPN_3x/137849600/model_final_f10217.pk
l"

predictor = DefaultPredictor(cfg)

# Chargement de l'image
image = cv2.imread("image.jpg")

# Prédiction
outputs = predictor(image)

# Visualisation des résultats
v = Visualizer(image[:, :, ::-1], MetadataCatalog.get(cfg.DATASETS.TRAIN[0]),
scale=1.2)
out = v.draw_instance_predictions(outputs["instances"].to("cpu"))
cv2.imshow("Détection d'objets", out.get_image()[:, :, ::-1])
cv2.waitKey(0)
cv2.destroyAllWindows()
```

Detectron2 est idéal pour les tâches avancées de détection et segmentation d'objets, comme la reconnaissance d'éléments dans une scène complexe.

3-YOLO (You Only Look Once) : Détection d'Objets en Temps Réel

YOLO est une famille de modèles de détection d'objets en temps réel qui se distingue par sa rapidité et son efficacité. Contrairement aux méthodes classiques de détection, YOLO analyse l'image entière en une seule passe, ce qui lui permet d'atteindre des performances impressionnantes en matière de vitesse et de précision. Il est particulièrement utilisé dans des domaines comme la vidéosurveillance, les voitures autonomes et la robotique.

Pourquoi utiliser YOLO ?

- Détection en temps réel : YOLO est capable de traiter des vidéos en direct.
- Précision élevée : Il combine vitesse et précision grâce à son architecture avancée.

- Facilité d'intégration : Compatible avec PyTorch et TensorFlow.
- Supporte plusieurs classes d'objets : YOLO peut identifier plusieurs objets simultanément dans une image.

Exemple : Détection d'Objets avec YOLOv5

YOLOv5 est une version améliorée de YOLO qui fonctionne sous PyTorch. Voici comment l'utiliser :

1. Installation de YOLOv5

```
git clone https://github.com/ultralytics/yolov5.git
cd yolov5
pip install -r requirements.txt
```

2. Détection d'objets sur une image

```
import torch
from PIL import Image
import cv2
from yolov5 import YOLOv5

# Chargement du modèle pré-entraîné
model = YOLOv5("yolov5s.pt")

# Chargement et analyse d'une image
image_path = "image.jpg"
results = model(image_path)

# Affichage des résultats
results.show()
```

4-Segment Anything Model (SAM) : Modèle Avancé de Segmentation de Meta

Segment Anything Model (SAM), développé par Meta AI, est un modèle avancé conçu pour effectuer la segmentation automatique d'images avec un minimum d'intervention humaine. Contrairement aux méthodes classiques qui nécessitent un entraînement spécifique pour chaque tâche, SAM est un modèle universel capable de segmenter n'importe quel objet sur une image avec des performances exceptionnelles.

Pourquoi utiliser SAM ?

- Segmentation universelle : Il peut détecter et segmenter des objets inconnus sans entraînement supplémentaire.
- Modèle pré-entraîné puissant : Il fonctionne directement sur une large gamme d'images et de vidéos.
- Utilisable en mode interactif : Permet à un utilisateur de sélectionner un objet en cliquant dessus pour une segmentation immédiate.
- Compatible avec d'autres modèles IA : Peut être intégré à d'autres outils de vision par ordinateur pour améliorer la précision.

Exemple : Utilisation de SAM pour la Segmentation d'Images

1. Installation de SAM

```
pip install torch torchvision
pip install git+https://github.com/facebookresearch/segment-anything.git
```

2. Chargement et Segmentation d'une Image

```
import torch
import cv2
import numpy as np
from segment_anything import sam_model_registry, SamAutomaticMaskGenerator

# Chargement du modèle SAM
sam_checkpoint = "sam_vit_h_4b8939.pth"
model_type = "vit_h"

sam = sam_model_registry[model_type](checkpoint=sam_checkpoint)
mask_generator = SamAutomaticMaskGenerator(sam)

# Chargement et conversion de l'image
image = cv2.imread("image.jpg")
image_rgb = cv2.cvtColor(image, cv2.COLOR_BGR2RGB)

# Génération des masques de segmentation
masks = mask_generator.generate(image_rgb)
```

```
# Affichage des masques générés
for mask in masks:
    mask_img = mask["segmentation"]
    cv2.imshow("Segmentation", mask_img.astype(np.uint8) * 255)
    cv2.waitKey(0)

cv2.destroyAllWindows()
```

Comparaison YOLO vs SAM

Critère	YOLO	SAM
Tâche principale	Détection d'objets	Segmentation d'images
Approche	Analyse l'image en une seule passe	Génère des masques de segmentation
Utilisation	Surveillance, robotique, voitures autonomes	Médical, édition d'images, IA créative
Vitesse	Très rapide (temps réel)	Plus lent, mais précis
Besoin d'entraînement	Peut nécessiter un ajustement pour des classes spécifiques	Fonctionne directement sans entraînement supplémentaire

Conclusion

YOLO et SAM sont des outils complémentaires pour la vision par ordinateur. Si votre objectif est de détecter des objets en temps réel, YOLO est un excellent choix. En revanche, si vous souhaitez effectuer une segmentation détaillée, SAM est une solution puissante. Ces deux modèles sont des références en IA et peuvent être combinés pour des applications avancées en robotique, médecine, surveillance et traitement d'images.

Chapitre 8 : IA pour la Voix & l'Audio

L'intelligence artificielle appliquée à l'audio et à la voix joue un rôle crucial dans des domaines tels que la reconnaissance vocale, la transcription automatique et la synthèse de la parole. Voici trois outils essentiels qui permettent d'exploiter pleinement le potentiel de l'IA dans ce domaine.

1-OpenAI Whisper : Reconnaissance Vocale Automatique (ASR) de Pointe

Whisper est un modèle de reconnaissance vocale (Automatic Speech Recognition - ASR) développé par OpenAI. Il est conçu pour transcrire la parole en texte avec une très grande précision, même en présence d'accents, de bruit de fond ou de multiples langues.

Pourquoi utiliser Whisper ?

- Haute précision : Entraîné sur un large ensemble de données multilingues.
- Prise en charge de plusieurs langues : Whisper peut transcrire et traduire du contenu dans différentes langues.
- Résilience au bruit : Fonctionne bien même dans des environnements bruyants.
- Open-source : Peut être utilisé librement dans des projets IA.

Exemple d'utilisation de Whisper

1. Installation de Whisper

```
pip install openai-whisper
pip install torch torchvision torchaudio
```

2. Transcription d'un fichier audio

```
import whisper

# Charger le modèle
model = whisper.load_model("base")
```

```
# Transcrire un fichier audio
result = model.transcribe("audio.mp3")

# Afficher la transcription
print(result["text"])
```

2-Mozilla DeepSpeech : Reconnaissance Vocale Open-Source

DeepSpeech est un moteur de reconnaissance vocale open-source développé par Mozilla. Inspiré des réseaux neuronaux profonds, il permet de convertir la parole en texte avec une bonne précision et peut être utilisé localement sans connexion internet.

Pourquoi utiliser DeepSpeech ?

- Modèle open-source : Pas de dépendance aux services cloud payants.
- Peut fonctionner en local : Idéal pour les applications hors ligne.
- Léger et optimisé : Conçu pour être rapide et efficace.

Exemple d'utilisation de DeepSpeech

1. Installation de DeepSpeech

```
pip install deepspeech
wget
https://github.com/mozilla/DeepSpeech/releases/download/v0.9.3/deepspeech-
0.9.3-models.pbmm
wget
https://github.com/mozilla/DeepSpeech/releases/download/v0.9.3/deepspeech-
0.9.3-models.scorer
```

2. Transcription d'un fichier audio

```
import deepspeech
import wave
import numpy as np

# Charger le modèle
model_file_path = "deepspeech-0.9.3-models.pbmm"
scorer_file_path = "deepspeech-0.9.3-models.scorer"
```

```
model = deepspeech.Model(model_file_path)
model.enableExternalScorer(scorer_file_path)

# Charger un fichier audio
file_path = "audio.wav"
with wave.open(file_path, "rb") as wf:
    audio = np.frombuffer(wf.readframes(wf.getnframes()), dtype=np.int16)

# Transcrire l'audio
text = model.stt(audio)
print("Transcription :", text)
```

3-Coqui TTS : Synthèse Vocale (Text-to-Speech) Open-Source

Coqui TTS est un framework open-source de synthèse vocale (Text-to-Speech - TTS) permettant de générer des voix naturelles à partir de texte. Il est utilisé pour créer des assistants vocaux, des livres audio, et des applications interactives.

Pourquoi utiliser Coqui TTS ?

- Synthèse vocale de haute qualité : Produit une voix naturelle et fluide.
- Modèles pré-entraînés : Possibilité d'utiliser des voix existantes ou d'entraîner ses propres modèles.
- Open-source : Contrairement aux solutions propriétaires (Google TTS, Amazon Polly), Coqui TTS est libre d'utilisation.

Exemple d'utilisation de Coqui TTS

1. Installation de Coqui TTS

```
pip install TTS
```

2. Génération de parole à partir de texte

```
from TTS.api import TTS

# Charger un modèle pré-entraîné
tts = TTS(model_name="tts_models/en/ljspeech/glow-tts").to("cpu")

# Générer et sauvegarder une voix à partir de texte
```

```
tts.tts_to_file(text="Bonjour, ceci est une démonstration de la synthèse vocale avec
Coqui TTS.", file_path="output.wav")
```

Comparaison des Outils IA pour l'Audio

Critère	Whisper (OpenAI)	DeepSpeech (Mozilla)	Coqui TTS
Tâche principale	Transcription audio	Reconnaissance vocale	Synthèse vocale
Précision	Très élevée (multi-langue)	Bonne (anglais, certaines langues supportées)	Voix naturelles et expressives
Utilisation	Sous-titrage, traduction, automatisation	Applications vocales offline	Assistants vocaux, narration
Open-source	Oui	Oui	Oui
Entraînement personnalisé	Non (modèle pré-entraîné)	Possible	Possible

Conclusion

Ces trois outils sont des références dans le domaine de l'IA audio :

- Whisper est l'un des meilleurs modèles de reconnaissance vocale, particulièrement performant pour la transcription multi-langues.
- DeepSpeech est une alternative open-source efficace, idéale pour des applications nécessitant un fonctionnement local.
- Coqui TTS est parfait pour créer des voix synthétiques de haute qualité pour les assistants vocaux, les livres audio et les jeux vidéo.

En fonction de vos besoins, vous pouvez choisir l'un de ces outils ou les combiner pour créer des applications d'intelligence artificielle vocales et interactives avancées.

Chapitre 9 : Déploiement de l'IA & MLOps

Le déploiement des modèles d'IA et la gestion des workflows de Machine Learning (MLOps) sont des étapes essentielles pour passer d'un modèle entraîné à une application fonctionnelle en production. Voici quatre outils incontournables qui permettent d'assurer un déploiement efficace, scalable et optimisé.

1-Docker : Conteneurisation pour les Applications IA

Docker est un outil de conteneurisation qui permet d'emballer une application et ses dépendances dans un environnement isolé et portable. Cela garantit que le modèle IA fonctionne de manière identique sur toutes les machines, de l'ordinateur du développeur aux serveurs de production.

Pourquoi utiliser Docker en IA ?

+ Assure la réplicabilité et l'isolement des environnements.
+ Facilite le déploiement rapide et la scalabilité.
+ Compatible avec Kubernetes pour l'orchestration en production.

Exemple : Création d'un conteneur Docker pour une API de modèle IA

1. Écriture d'un Dockerfile

```
# Utiliser une image Python comme base
FROM python:3.9

# Définir le répertoire de travail
WORKDIR /app

# Copier les fichiers nécessaires
COPY requirements.txt .
RUN pip install -r requirements.txt

# Copier le reste du code
COPY . .

# Exécuter l'application (exemple : API Flask)
```

```
CMD ["python", "app.py"]
```

2. Construction et exécution du conteneur

```
# Construire l'image Docker
docker build -t mon_modele_ia .
```

```
# Lancer le conteneur
docker run -p 5000:5000 mon_modele_ia
```

2-Kubernetes (K8s) : Orchestration des Modèles IA en Production

Kubernetes est un système d'orchestration de conteneurs qui permet de gérer automatiquement le déploiement, la montée en charge et la maintenance des applications IA dans des environnements cloud et on-premise.

Pourquoi utiliser Kubernetes en IA ?

+ Scalabilité automatique : Ajuste les ressources en fonction de la charge.
+ Tolérance aux pannes : Redémarre automatiquement les modèles en cas de crash.
+ Gestion des ressources : Permet d'optimiser l'utilisation du GPU et du CPU.

Exemple : Déploiement d'un modèle IA avec Kubernetes

1. Création d'un fichier YAML pour Kubernetes

```
apiVersion: apps/v1
kind: Deployment
metadata:
  name: modele-ia-deployment
spec:
  replicas: 2
  selector:
    matchLabels:
      app: modele-ia
  template:
    metadata:
      labels:
        app: modele-ia
```

```
spec:
  containers:
  - name: modele-ia
    image: mon_modele_ia:latest
    ports:
    - containerPort: 5000
```

2. Déploiement sur Kubernetes

```
kubectl apply -f modele-ia-deployment.yaml
```

3-MLflow : Suivi, Empaquetage et Déploiement des Modèles IA

MLflow est une plateforme open-source qui aide à suivre les expériences, à gérer les modèles IA et à automatiser le déploiement.

Pourquoi utiliser MLflow ?

+ Suivi des expériences : Garde un historique des entraînements, hyperparamètres et résultats.
+ Gestion des modèles : Stocke et versionne les modèles IA.
+ Déploiement simplifié : Permet de servir les modèles via une API REST.

Exemple : Enregistrement et déploiement d'un modèle IA avec MLflow

1. Installation de MLflow

```
pip install mlflow
```

2. Enregistrement d'un modèle avec MLflow

```
import mlflow
import mlflow.sklearn
from sklearn.ensemble import RandomForestClassifier

# Activer le suivi MLflow
mlflow.set_experiment("Mon Modele IA")

# Entraîner un modèle
model = RandomForestClassifier(n_estimators=100)
```

```
model.fit(X_train, y_train)
```

```
# Enregistrer le modèle
mlflow.sklearn.log_model(model, "random_forest_model")
```

3. Lancer un serveur MLflow pour servir le modèle

```
mlflow models serve -m "models:/random_forest_model/1" -p 5001
```

4-TensorRT : Optimisation de l'Inférence IA avec NVIDIA

TensorRT est une bibliothèque de NVIDIA permettant d'optimiser les modèles d'apprentissage profond pour accélérer leur exécution sur les GPU.

Pourquoi utiliser TensorRT ?

+ Réduction du temps d'inférence : Peut multiplier la vitesse par 5 à 10 fois.
+ Optimisation pour GPU : Exploite les capacités des cartes NVIDIA.
+ Conversion automatique : Compatible avec TensorFlow, PyTorch et ONNX.

Exemple : Optimisation d'un modèle TensorFlow avec TensorRT

1. Installation de TensorRT

```
pip install nvidia-pyindex
pip install nvidia-tensorrt
```

2. Conversion d'un modèle TensorFlow en TensorRT

```
import tensorflow as tf
from tensorflow.python.compiler.tensorrt import trt_convert as trt
```

```
# Charger un modèle TensorFlow
model = tf.saved_model.load("mon_modele_tf")
```

```
# Convertir en modèle TensorRT
converter = trt.TrtGraphConverterV2(input_saved_model_dir="mon_modele_tf")
converter.convert()
converter.save("mon_modele_trt")
```

3. Exécution du modèle optimisé

```
# Charger le modèle optimisé
model_trt = tf.saved_model.load("mon_modele_trt")

# Faire une prédiction rapide
output = model_trt(input_data)
```

Comparaison des Outils de Déploiement IA & MLOps

Outil	Fonction principale	Cas d'utilisation	Avantages
Docker	Conteneurisation	Exécuter des modèles IA dans des environnements isolés	Portable, facile à utiliser
Kubernetes	Orchestration	Déploiement de modèles IA à grande échelle	Automatisation, scalabilité
MLflow	Suivi et gestion	Expérimentation, versioning et monitoring des modèles IA	Historique, tracking, API REST
TensorRT	Optimisation	Accélération de l'inférence sur GPU	Vitesse x10, réduit la latence

Conclusion

Le choix des outils dépend du besoin en production :

- Pour un simple déploiement → Docker suffit.
- Pour une gestion avancée en cloud → Kubernetes est indispensable.
- Pour suivre et gérer les modèles → MLflow est la solution.
- Pour optimiser les performances → TensorRT booste l'inférence IA.

L'idéal est souvent de combiner ces outils pour un workflow MLOps complet et performant.

Chapitre 10 : Edge AI & IA Embarquée

L'Edge AI (ou IA embarquée) désigne l'exécution de modèles d'intelligence artificielle directement sur des appareils locaux (microcontrôleurs, caméras intelligentes, robots, drones, etc.), sans dépendre d'un cloud externe.

Ce chapitre explore trois plateformes clés permettant de développer et d'optimiser des modèles IA pour des appareils embarqués et l'IoT.

1-NVIDIA Jetson – IA pour appareils embarqués

Qu'est-ce que NVIDIA Jetson ?

NVIDIA Jetson est une gamme de mini-ordinateurs optimisés pour l'IA, capables d'exécuter des modèles de deep learning et de vision par ordinateur en temps réel. Ces cartes sont très populaires pour la robotique, les drones autonomes et les systèmes embarqués intelligents.

Pourquoi utiliser NVIDIA Jetson ?

+ Puissance GPU : Intègre des GPU NVIDIA pour accélérer les inférences IA.
+ Efficacité énergétique : Optimisé pour des appareils embarqués fonctionnant sur batterie.
+ Compatible avec TensorFlow, PyTorch, et TensorRT.

Exemple : Détection d'objets en temps réel sur un Jetson Nano

1. Installation des bibliothèques nécessaires

```
sudo apt-get update
sudo apt-get install python3-pip
pip3 install numpy opencv-python torch torchvision
```

2. Exécution de YOLO pour la détection d'objets sur Jetson Nano

```
import cv2
import torch

# Charger le modèle YOLO
```

```
model = torch.hub.load('ultralytics/yolov5', 'yolov5s')

# Capturer une image depuis la caméra
cap = cv2.VideoCapture(0)
ret, frame = cap.read()

# Appliquer le modèle de détection
results = model(frame)

# Afficher les résultats
results.show()
cap.release()
```

Applications pratiques :

+ Drones autonomes – Analyse d'images pour la navigation.

+ Robotique – Vision IA pour robots industriels.

+ Surveillance intelligente – Caméras capables de reconnaître des objets ou des visages sans connexion Internet.

2-Google Coral – Accélération IA pour systèmes mobiles et embarqués

Qu'est-ce que Google Coral ?

Google Coral est une plateforme d'accélération IA destinée aux appareils embarqués et IoT. Elle intègre un TPU (Tensor Processing Unit), une puce spécialisée pour le deep learning à faible consommation d'énergie.

Pourquoi utiliser Google Coral ?

+ Exécution ultra-rapide des modèles IA avec Edge TPU.

+ Optimisé pour TensorFlow Lite (version légère des modèles IA).

+ Faible consommation énergétique – Idéal pour les capteurs IoT.

Exemple : Reconnaissance d'image avec Google Coral

1. Installer Edge TPU et TensorFlow Lite

```
echo "deb https://packages.cloud.google.com/apt coral-edgetpu-stable main" | sudo
tee /etc/apt/sources.list.d/coral-edgetpu.list
sudo apt-get update
sudo apt-get install libedgetpu1-std
pip3 install tflite-runtime
```

2. Exécuter un modèle IA optimisé avec Google Coral

```
import tflite_runtime.interpreter as tflite
import numpy as np
import cv2

# Charger le modèle optimisé
interpreter = tflite.Interpreter(model_path="mobilenet_v2.tflite")
interpreter.allocate_tensors()

# Lire une image
image = cv2.imread("image.jpg")
image = cv2.resize(image, (224, 224))
input_data = np.expand_dims(image, axis=0)

# Exécuter le modèle sur l'Edge TPU
interpreter.set_tensor(interpreter.get_input_details()[0]['index'], input_data)
interpreter.invoke()

# Afficher le résultat
output_data = interpreter.get_tensor(interpreter.get_output_details()[0]['index'])
print("Classe prédite :", np.argmax(output_data))
```

 Applications pratiques :
+ IoT intelligent – Capteurs IA autonomes pour l'analyse en bordure de réseau.
+ Appareils mobiles – Reconnaissance faciale en temps réel.
+ Agriculture intelligente – Détection automatique des maladies sur les plantes.

3-Edge Impulse – Framework ML pour microcontrôleurs et IoT

Qu'est-ce que Edge Impulse ?

Edge Impulse est une plateforme spécialisée dans le développement et le déploiement de modèles d'IA pour microcontrôleurs, capteurs IoT et petits appareils embarqués.

Pourquoi utiliser Edge Impulse ?

+ Compatible avec ESP32, Arduino, Raspberry Pi.
+ Optimisé pour des modèles ultra-légers (TinyML).
+ Plateforme No-Code avec une interface web intuitive.

Exemple : Détection de sons avec Edge Impulse sur ESP32

1. Collecte et entraînement des données sur Edge Impulse

    1. Se connecter sur Edge Impulse.
    2. Créer un nouveau projet et importer des données audio (ex. sons d'oiseaux).
    3. Entraîner un modèle TinyML pour classifier les sons.
    4. Télécharger le modèle optimisé au format C++ pour microcontrôleurs.

2. Déploiement sur un ESP32

```
#include <Arduino.h>
#include "edge-impulse-model.h"

// Charger le modèle
ei::signal_t signal;
ei_impulse_result_t result;

void setup() {
    Serial.begin(115200);
    Serial.println("Initialisation du modèle AI...");
}

void loop() {
    // Capture un échantillon audio
    signal_t audio_signal = capture_audio();
```

```
// Exécute le modèle sur l'ESP32
run_classifier(&audio_signal, &result);

// Affiche les résultats
Serial.print("Classe détectée : ");
Serial.println(result.classification[0].label);
delay(2000);
}
```

Applications pratiques :

+ Reconnaissance vocale sur ESP32 ou Arduino.

+ Détection d'anomalies dans les machines industrielles.

+ Surveillance acoustique de la faune sauvage.

Comparaison des Solutions Edge AI

Plateforme	Matériel	Puissance	Cas d'usage	Avantages
NVIDIA Jetson	Jetson Nano, Xavier	* * * *	Robotique, drones, vision IA	GPU puissant, support TensorFlow/PyTorch
Google Coral	Edge TPU	* * *	IoT, reconnaissance d'image	Faible consommation, exécution rapide
Edge Impulse	ESP32, Arduino	* *	Microcontrôleurs, capteurs IoT	Ultra-léger, facile à déployer

Conclusion

L'Edge AI révolutionne l'intelligence artificielle en permettant d'exécuter des modèles localement, sans connexion Internet.

- Pour la robotique et la vision IA avancée → NVIDIA Jetson
- Pour l'IoT et les capteurs intelligents → Google Coral
- Pour les microcontrôleurs et TinyML → Edge Impulse

En combinant ces technologies, il devient possible de déployer des modèles IA optimisés sur n'importe quel appareil, du plus puissant au plus léger.

Chapitre 11 : Données Synthétiques & Simulation IA

L'intelligence artificielle repose sur de grandes quantités de données pour l'entraînement des modèles. Cependant, dans certains cas, les données réelles sont coûteuses, limitées ou difficiles à obtenir.

Les données synthétiques sont des données générées artificiellement qui imitent des données réelles. Elles permettent :

- L'entraînement d'algorithmes sans collecte massive de données réelles.
- L'amélioration des performances des modèles grâce à l'augmentation de données.
- La simulation de scénarios complexes pour la robotique et l'IA embarquée.

Ce chapitre explore trois solutions clés pour la génération de données synthétiques et la simulation IA.

1-Unity Perception – Génération de données synthétiques

Qu'est-ce que Unity Perception ?

Unity Perception est un ensemble d'outils pour générer des données synthétiques à partir de scènes 3D dans Unity. Il permet de créer des jeux de données réalistes pour entraîner des modèles de vision par ordinateur.

Pourquoi utiliser Unity Perception ?

+ Création d'images annotées automatiquement avec des étiquettes et des masques de segmentation.
+ Génération de milliers de variations d'un même objet (éclairage, textures, positions).
+ Simule des environnements réalistes pour tester les modèles IA.

Exemple : Génération de données synthétiques pour la détection d'objets

1. Installation de Unity Perception

    1. Installer Unity et ajouter le package Perception via le Package Manager.
    2. Créer une scène 3D avec des objets cibles.

3. Ajouter un Perception Camera pour capturer les images avec annotations.

2. Génération de données annotées

```
using UnityEngine;
using UnityEngine.Perception.GroundTruth;

public class DataGenerator : MonoBehaviour
{
    void Start()
    {
        var label = gameObject.AddComponent<Labeling>();
        label.labels.Add("Voiture");

        var perceptionCamera =
Camera.main.gameObject.AddComponent<PerceptionCamera>();
        perceptionCamera.enabled = true;
    }
}
```

Applications pratiques :
+ Entraînement de modèles de vision par ordinateur sans collecte d'images réelles.
+ Simulation de trafic routier pour l'IA des véhicules autonomes.
+ Génération d'ensembles de données médicales anonymisées.

2-GANs (Generative Adversarial Networks) – Augmentation de données

Qu'est-ce qu'un GAN ?

Un Generative Adversarial Network (GAN) est un modèle d'IA capable de générer de nouvelles données réalistes à partir d'un ensemble existant. Il est utilisé pour augmenter les jeux de données en créant des variations réalistes.

Pourquoi utiliser les GANs ?

+ Génère des images ultra-réalistes pour enrichir des bases de données.

+ Améliore la robustesse des modèles IA en créant plus de diversité.

+ Appliqué à la synthèse vocale, au texte et aux vidéos.

Exemple : Génération d'images avec un GAN

1. Entraînement d'un GAN sur des visages humains

```python
import torch
from torch import nn
from torchvision import datasets, transforms
from torch.utils.data import DataLoader

# Charger les données
transform = transforms.Compose([transforms.Resize(64), transforms.ToTensor()])
dataset = datasets.CelebA(root="./data", download=True, transform=transform)
dataloader = DataLoader(dataset, batch_size=32, shuffle=True)

# Définition du générateur
class Generator(nn.Module):
    def __init__(self):
        super(Generator, self).__init__()
        self.model = nn.Sequential(
            nn.Linear(100, 256),
            nn.ReLU(),
            nn.Linear(256, 512),
            nn.ReLU(),
            nn.Linear(512, 1024),
            nn.Tanh()
        )

    def forward(self, x):
        return self.model(x)

# Générer une image synthétique
generator = Generator()
noise = torch.randn((1, 100))
fake_image = generator(noise)
```

Applications pratiques :

+ Amélioration des jeux de données pour la reconnaissance faciale.

+ Génération de fausses empreintes vocales pour la synthèse vocale.

+ Création de décors 3D réalistes pour la simulation de robots autonomes.

3-DeepMind MuJoCo – Simulation physique pour l'IA

Qu'est-ce que MuJoCo ?

MuJoCo (Multi-Joint dynamics with Contact) est un moteur de simulation physique utilisé pour entraîner et tester des modèles IA dans des environnements réalistes. Il est largement utilisé pour la robotique et le deep reinforcement learning.

Pourquoi utiliser MuJoCo ?

+ Simule des interactions physiques complexes (mécanismes articulés, collisions).

+ Optimisé pour l'apprentissage par renforcement des robots IA.

+ Utilisé par DeepMind pour l'entraînement de modèles avancés.

Exemple : Entraînement d'un robot marcheur avec MuJoCo

1. Installation de MuJoCo et Gym

```
pip install mujoco_py gym
```

2. Simulation d'un robot bipède

```
import gym

# Charger l'environnement MuJoCo
env = gym.make("Humanoid-v2")
env.reset()

# Exécuter une simulation de pas aléatoire
for _ in range(1000):
    env.render()
    action = env.action_space.sample()
    env.step(action)
```

env.close()

Applications pratiques :

+ Entraînement de robots IA pour l'industrie et la recherche.

+ Simulation de mouvements humains pour la biomécanique.

+ Développement de stratégies d'IA en environnements dynamiques.

Comparaison des solutions de simulation IA

Technologie	Objectif	Avantages	Cas d'usage
Unity Perception	Génération de données synthétiques	Création rapide d'images annotées	Vision par ordinateur, IA pour véhicules
GANs	Augmentation de jeux de données	Génération ultra-réaliste	Synthèse vocale, deepfake, vision IA
MuJoCo	Simulation physique IA	Modélisation avancée des interactions	Robotique, entraînement IA par renforcement

Conclusion

Les données synthétiques et la simulation IA permettent d'optimiser les performances des modèles IA sans dépendre uniquement de données réelles.

- Pour créer des jeux de données annotées → Unity Perception
- Pour générer des données augmentées → GANs
- Pour simuler des environnements physiques complexes → MuJoCo

Ces outils sont essentiels pour développer des modèles IA robustes, capables de généraliser leurs connaissances à des scénarios réels.

Chapitre 12 : IA Quantique & IA de Nouvelle Génération

L'IA quantique représente l'une des avancées les plus prometteuses du domaine technologique. En combinant l'intelligence artificielle avec le calcul quantique, il devient possible d'accélérer certaines tâches d'apprentissage machine qui seraient trop complexes pour les ordinateurs classiques.

Les principaux objectifs de l'IA quantique sont :

- L'optimisation et la résolution de problèmes complexes en un temps réduit.
- L'amélioration des algorithmes de machine learning grâce aux qubits et à la superposition quantique.
- La simulation de phénomènes naturels comme la chimie moléculaire ou la physique des matériaux.

Ce chapitre présente trois outils clés pour l'IA quantique et les nouvelles générations d'algorithmes IA.

1-PennyLane – Machine Learning Quantique

Qu'est-ce que PennyLane ?

PennyLane est une bibliothèque open-source permettant de concevoir et d'entraîner des modèles de machine learning hybride, combinant calcul quantique et classique. Développée par Xanadu, elle offre une interface pour exécuter des algorithmes quantiques sur des simulateurs ou des ordinateurs quantiques réels.

Pourquoi utiliser PennyLane ?

+ Interface intuitive avec Python et intégration avec TensorFlow, PyTorch et JAX.
+ Exécutable sur des processeurs quantiques réels (IBM, Rigetti, Xanadu).
+ Optimisé pour la recherche en IA quantique.

Exemple : Création d'un réseau de neurones quantique

1. Installation de PennyLane

```
pip install pennylane
```

2. Implémentation d'un circuit quantique simple

```
import pennylane as qml
from pennylane import numpy as np

# Définir un circuit quantique à 2 qubits
dev = qml.device("default.qubit", wires=2)

@qml.qnode(dev)
def circuit(theta):
    qml.RY(theta, wires=0)
    qml.CNOT(wires=[0, 1])
    return qml.probs(wires=[0, 1])

# Tester le circuit avec un paramètre
theta = np.pi / 4
probs = circuit(theta)
print(probs)
```

 Applications pratiques :
+ Optimisation quantique pour l'apprentissage automatique.
+ Modélisation de systèmes physiques complexes.
+ Simulation d'interactions moléculaires en chimie quantique.

2-Qiskit – Toolkit de Calcul Quantique d'IBM

Qu'est-ce que Qiskit ?

Qiskit est un framework open-source développé par IBM Quantum pour la programmation d'algorithmes sur des ordinateurs quantiques. Il permet d'exécuter des simulations sur des machines classiques et d'accéder à de véritables processeurs quantiques via le cloud IBM.

Pourquoi utiliser Qiskit ?

+ Accès direct aux ordinateurs quantiques d'IBM.
+ Développement d'algorithmes quantiques pour l'IA et la cryptographie.
+ Simulations et tests sur des qubits réels.

Exemple : Création et exécution d'un circuit quantique

1. Installation de Qiskit

pip install qiskit

2. Implémentation d'un circuit quantique de base

```
from qiskit import QuantumCircuit, Aer, execute

# Créer un circuit à 2 qubits
qc = QuantumCircuit(2)
qc.h(0)  # Appliquer une porte de Hadamard
qc.cx(0, 1)  # Appliquer une porte CNOT
qc.measure_all()

# Simuler l'exécution du circuit
simulator = Aer.get_backend('qasm_simulator')
result = execute(qc, simulator).result()
print(result.get_counts())
```

Applications pratiques :
+ Optimisation d'algorithmes d'apprentissage automatique.
+ Amélioration des systèmes de cryptographie.
+ Développement de réseaux de neurones quantiques.

3-TensorFlow Quantum – Deep Learning et IA Quantique

Qu'est-ce que TensorFlow Quantum ?

TensorFlow Quantum (TFQ) est une extension de TensorFlow, développée par Google AI, qui permet d'intégrer des modèles d'apprentissage profond à des circuits quantiques. Il est conçu pour exploiter la puissance du calcul quantique dans le deep learning.

Pourquoi utiliser TensorFlow Quantum ?

+ Fusionne l'apprentissage profond classique et quantique.

+ Compatible avec les frameworks d'IA traditionnels.

+ Facilite l'entraînement de modèles hybrides (quantique-classique).

Exemple : Création d'un modèle de classification quantique

1. Installation de TensorFlow Quantum

```
pip install tensorflow tensorflow-quantum
```

2. Implémentation d'un réseau de neurones quantique

```python
import tensorflow as tf
import tensorflow_quantum as tfq
import cirq

# Définir un circuit quantique de base
def quantum_circuit():
    qubits = [cirq.GridQubit(0, 0)]
    circuit = cirq.Circuit()
    circuit.append(cirq.H(qubits[0]))
    circuit.append(cirq.measure(qubits[0]))
    return circuit

# Convertir le circuit en un tenseur exploitable par TensorFlow Quantum
quantum_model = tfq.convert_to_tensor([quantum_circuit()])

print(quantum_model)
```

 Applications pratiques :

+ Amélioration des modèles de classification IA.

+ Traitement avancé des grands ensembles de données.

+ Développement de modèles hybrides IA/quantique.

Comparaison des outils d'IA Quantique

Technologie	Objectif	Avantages	Cas d'usage
PennyLane	Machine Learning Quantique	Intégration avec PyTorch et TensorFlow	Optimisation IA, chimie quantique
Qiskit	Programmation d'ordinateurs quantiques	Accès aux qubits réels d'IBM	Cryptographie, optimisation
TensorFlow Quantum	IA hybride quantique-classique	Deep Learning quantique	Réseaux de neurones avancés

Conclusion

L'IA quantique est encore en développement, mais elle offre des perspectives révolutionnaires en optimisation, apprentissage automatique et simulation physique.

- Pour combiner machine learning et IA quantique → PennyLane
- Pour programmer et tester des circuits quantiques → Qiskit
- Pour intégrer le deep learning dans le calcul quantique → TensorFlow Quantum

L'avenir de l'IA passera par des systèmes hybrides classique-quantique, capables d'exploiter la puissance des qubits pour résoudre des problèmes aujourd'hui inaccessibles.

Chapitre 13 : Sécurité de l'IA & IA Éthique

L'intelligence artificielle soulève des défis majeurs en matière de sécurité, d'équité et de transparence. L'usage croissant des modèles d'IA dans des secteurs sensibles (santé, finance, justice, cybersécurité) nécessite des garanties solides pour éviter les biais, les manipulations et les décisions opaques.

Ce chapitre explore trois outils essentiels pour renforcer la sécurité et l'éthique des modèles IA :

- IBM AI Fairness 360 pour détecter et corriger les biais dans les modèles.
- Adversarial Robustness Toolbox (ART) pour protéger l'IA contre les attaques adversariales.
- Explainable AI (XAI) avec SHAP/LIME pour interpréter et expliquer les décisions des modèles IA.

1-IBM AI Fairness 360 – Détection et Atténuation des Biais

Qu'est-ce que AI Fairness 360 ?

IBM AI Fairness 360 est une boîte à outils open-source développée par IBM pour détecter et réduire les biais dans les modèles d'apprentissage automatique. Elle permet d'analyser les jeux de données et les modèles IA afin d'évaluer leur équité et d'appliquer des techniques de correction.

Pourquoi utiliser AI Fairness 360 ?

+ Identification des biais dans les données et modèles.
+ Outils de correction pour améliorer l'équité.
+ Support pour divers algorithmes de machine learning.

Exemple : Détection des biais dans un modèle IA

1. Installation de AI Fairness 360

pip install aif360

2. Analyse des biais dans un dataset

```python
from aif360.datasets import AdultDataset
from aif360.metrics import BinaryLabelDatasetMetric

# Charger un jeu de données sensible (Adult Income Dataset)
dataset = AdultDataset()

# Analyser les biais dans les données (ex: discrimination homme/femme)
metric = BinaryLabelDatasetMetric(dataset, privileged_groups=[{'sex': 1}],
unprivileged_groups=[{'sex': 0}])
print("Disparité de taux positifs :", metric.disparate_impact())
```

Applications pratiques :

+ Détection des discriminations dans les modèles IA (genre, ethnie, revenu).

+ Amélioration de la transparence et de l'équité dans les décisions.

+ Conformité avec les réglementations sur l'IA responsable.

2-Adversarial Robustness Toolbox (ART) – Sécurité des IA Contre les Attaques

Qu'est-ce que ART ?

L'Adversarial Robustness Toolbox (ART) est une bibliothèque open-source développée par IBM pour protéger les modèles d'IA contre les attaques adversariales. Ces attaques exploitent les vulnérabilités des modèles IA en manipulant les données d'entrée pour induire des erreurs.

Pourquoi utiliser ART ?

+ Simulation et détection des attaques adversariales.

+ Renforcement de la robustesse des modèles.

+ Protection des modèles IA contre les manipulations.

Exemple : Attaque d'un modèle IA et défense avec ART

1. Installation de ART

pip install adversarial-robustness-toolbox

2. Génération d'une attaque adversariale contre un modèle CNN

```
import numpy as np
import tensorflow as tf
from art.attacks.evasion import FastGradientMethod
from art.estimators.classification import TensorFlowClassifier

# Charger un modèle de classification pré-entraîné
model = tf.keras.applications.MobileNetV2(weights="imagenet")

# Convertir le modèle en un classificateur ART
classifier = TensorFlowClassifier(model=model, nb_classes=1000, input_shape=(224, 224, 3))

# Générer une attaque adversariale avec FGSM
attack = FastGradientMethod(estimator=classifier, eps=0.01)
image = np.random.rand(1, 224, 224, 3)
adversarial_image = attack.generate(x=image)

print("Image originale vs Image attaquée générée")
```

Applications pratiques :
+ Protection des systèmes IA contre les cyberattaques.
+ Renforcement de la robustesse des modèles face aux manipulations.
+ Défense contre les deepfakes et les attaques sur la vision par ordinateur.

3-Explainable AI (XAI) avec SHAP/LIME – Comprendre les Décisions de l'IA

Qu'est-ce que XAI avec SHAP et LIME ?

L'Explainable AI (XAI) regroupe un ensemble de techniques permettant de comprendre et d'expliquer comment un modèle d'IA prend ses décisions. Deux outils principaux sont utilisés :

- SHAP (SHapley Additive Explanations) : Explique l'impact de chaque caractéristique sur la prédiction d'un modèle IA.

- LIME (Local Interpretable Model-agnostic Explanations) : Génère des explications locales pour comprendre les décisions du modèle sur des cas individuels.

Pourquoi utiliser XAI ?

+ Meilleure interprétation des résultats des modèles IA.
+ Détection d'erreurs et de biais dans les décisions.
+ Amélioration de la confiance et de l'acceptation des IA.

Exemple : Explication des décisions d'un modèle avec SHAP

1. Installation de SHAP et LIME

pip install shap lime

2. Analyse d'un modèle de classification avec SHAP

```
import shap
import xgboost
import numpy as np

# Générer des données fictives
X_train = np.random.rand(100, 5)
y_train = np.random.randint(0, 2, size=100)

# Entraîner un modèle XGBoost
model = xgboost.XGBClassifier()
model.fit(X_train, y_train)

# Appliquer SHAP pour expliquer les prédictions
explainer = shap.Explainer(model)
shap_values = explainer(X_train)

# Afficher l'importance des caractéristiques
shap.summary_plot(shap_values, X_train)
```

Applications pratiques :
+ Interprétation des décisions des IA dans des domaines critiques (santé, finance, justice).

+ Détection de biais et d'anomalies dans les modèles.

+ Explication des prévisions dans les systèmes de recommandation.

Comparaison des outils de sécurité et d'éthique de l'IA

Technologie	Objectif	Avantages	Cas d'usage
IBM AI Fairness 360	Détection et réduction des biais	Évaluation de l'équité, correction des discriminations	IA éthique, conformité réglementaire
ART	Protection contre les attaques adversariales	Renforcement des modèles, simulation d'attaques	Cybersécurité, IA robuste
SHAP/LIME	Explication des décisions IA	Transparence, interprétabilité	IA explicable, audit des modèles

Conclusion

La sécurité et l'éthique de l'IA sont des enjeux majeurs pour garantir des modèles fiables, justes et transparents.

- Pour détecter et corriger les biais → IBM AI Fairness 360
- Pour protéger l'IA contre les cyberattaques → ART
- Pour expliquer et interpréter les décisions IA → SHAP/LIME

Les entreprises et chercheurs doivent intégrer ces outils pour créer des systèmes IA responsables et sécurisés face aux défis actuels et futurs.

Chapitre 14 : Outils IA Low-Code / No-Code

L'émergence des outils Low-Code/No-Code révolutionne l'accès à l'intelligence artificielle, permettant aux utilisateurs sans compétences en programmation de créer et déployer des modèles IA. Ces plateformes simplifient la conception d'algorithmes pour des applications variées comme la reconnaissance d'images, l'analyse de texte et la création multimédia.

Ce chapitre explore trois outils majeurs :

- Google AutoML – Création de modèles IA sans coder.
- Lobe (Microsoft) – Entraînement simplifié pour la reconnaissance d'images.
- RunwayML – Applications IA pour la création artistique et vidéo.

1-Google AutoML – Construction de modèles IA sans coder

Présentation

Google AutoML est une suite d'outils développée par Google Cloud pour entraîner des modèles d'apprentissage automatique sur des données personnalisées sans nécessiter de connaissances approfondies en programmation. Il couvre plusieurs domaines :

- AutoML Vision – Détection et classification d'images.
- AutoML Natural Language – Analyse et compréhension du texte.
- AutoML Video Intelligence – Analyse et segmentation vidéo.
- AutoML Tables – Modèles prédictifs pour données tabulaires.

Exemple d'utilisation

Une entreprise de e-commerce peut utiliser AutoML Vision pour entraîner un modèle qui reconnaît automatiquement les produits dans des images envoyées par les utilisateurs. Il suffit d'importer un ensemble de photos labellisées et de laisser AutoML générer un modèle performant.

2-Lobe (Microsoft) – IA pour la reconnaissance d'images

Présentation

Lobe est un outil développé par Microsoft, conçu pour entraîner des modèles IA de reconnaissance d'images sans coder. Il offre une interface intuitive où l'utilisateur importe des images, assigne des labels et laisse l'algorithme entraîner un modèle adapté.

Pourquoi choisir Lobe ?

- Interface visuelle simplifiée – Aucun besoin de comprendre le machine learning.
- Traitement en local – Fonctionne sans connexion à un serveur cloud.
- Exportation facile – Les modèles peuvent être utilisés dans des applications mobiles et web.

Exemple d'utilisation

Un agriculteur souhaitant automatiser l'identification des maladies des plantes peut prendre des photos de feuilles affectées, les classer par catégorie (sain, malade) et utiliser Lobe pour entraîner un modèle capable de détecter les maladies à partir de nouvelles images.

3-RunwayML – Applications créatives avec l'IA

Présentation

RunwayML est une plateforme dédiée aux créateurs souhaitant exploiter l'IA dans leurs projets artistiques. Elle propose des outils avancés pour le montage vidéo, la génération d'images et la transformation audio/texte.

Fonctionnalités principales

- Remplacement d'arrière-plan en temps réel (sans fond vert).
- Animation d'images fixes grâce à l'IA.
- Génération automatique de sous-titres et transcription audio-texte.
- Création de vidéos à partir de descriptions textuelles.

Exemple d'utilisation

Un vidéaste peut utiliser RunwayML pour changer l'arrière-plan d'une vidéo sans avoir besoin d'un écran vert, ce qui réduit les coûts et le temps de production.

Conclusion

Les outils Low-Code/No-Code démocratisent l'IA en la rendant accessible aux non-développeurs. Google AutoML est idéal pour les entreprises cherchant à exploiter le machine learning, Lobe facilite la reconnaissance d'images, et RunwayML offre un large éventail de possibilités pour les créateurs de contenu.

Chapitre 15 : Recherche IA & Communautés Open-Source

L'intelligence artificielle évolue rapidement grâce aux contributions de la recherche et aux initiatives open-source. Pour rester à jour, il est essentiel de suivre les dernières avancées scientifiques, d'accéder à des implémentations de modèles et de rejoindre des communautés partageant des ressources.

Ce chapitre explore trois ressources incontournables :

- ArXiv – Publications de recherche en IA.
- Papers With Code – Modèles IA accompagnés de code.
- Fast.ai – Cours et bibliothèques open-source pour le deep learning.

1-ArXiv – Suivre les dernières avancées en IA

Présentation

ArXiv est une plateforme de prépublications scientifiques en accès libre où les chercheurs publient leurs travaux avant leur validation dans des revues académiques. La section Artificial Intelligence (cs.AI) contient les dernières recherches en apprentissage automatique, vision par ordinateur, NLP et plus encore.

Pourquoi utiliser ArXiv ?

- Accès gratuit aux dernières recherches en IA.
- Publications avant validation – permet d'être en avance sur les tendances.
- Références pour comprendre les bases théoriques des modèles IA.

Exemple d'utilisation

Un data scientist souhaitant implémenter un nouveau modèle de diffusion peut consulter les articles les plus récents sur ArXiv pour comprendre ses principes avant son intégration dans un projet.

2-Papers With Code – Modèles IA avec implémentations

Présentation

Papers With Code est une plateforme combinant des publications scientifiques et des implémentations open-source de modèles IA. Elle permet aux chercheurs et développeurs d'expérimenter rapidement les dernières avancées en machine learning.

Pourquoi utiliser Papers With Code ?

- Lien direct entre articles de recherche et implémentations en code.
- Classements des modèles IA par domaine (NLP, vision, RL, etc.).
- Comparaison des performances de différents modèles.

Exemple d'utilisation

Un ingénieur en deep learning cherchant à tester une nouvelle architecture de réseau neuronal peut télécharger un modèle pré-entraîné sur Papers With Code, étudier son implémentation en PyTorch/TensorFlow, et l'adapter à son propre dataset.

3-Fast.ai – Cours et outils pour le Deep Learning

Présentation

Fast.ai propose un cours avancé en deep learning, ainsi qu'une bibliothèque open-source optimisée pour l'apprentissage automatique. Leur approche met l'accent sur l'expérimentation rapide avec peu de ressources informatiques.

Pourquoi choisir Fast.ai ?

- Cours gratuits sur le deep learning accessibles aux non-experts.
- Bibliothèque FastAI – une surcouche simplifiée de PyTorch pour créer rapidement des modèles IA.
- Communauté active partageant des tutoriels et des benchmarks.

Exemple d'utilisation

Un développeur sans grande expérience en deep learning peut utiliser FastAI pour entraîner un modèle de classification d'images en quelques lignes de code, sans avoir à maîtriser les concepts mathématiques sous-jacents.

Conclusion

Pour rester à jour dans le domaine de l'IA, il est essentiel de suivre les avancées académiques et de tester des implémentations open-source. ArXiv permet d'accéder aux recherches de pointe, Papers With Code facilite l'expérimentation des modèles, et Fast.ai offre des ressources pédagogiques et des outils pratiques pour le deep learning.

Chapitre 16 : Stratégie d'Apprentissage & de Maîtrise de l'IA

L'apprentissage de l'intelligence artificielle (IA) suit une progression logique, allant des bases de la programmation à l'optimisation et au déploiement de modèles en production. Ce guide propose une feuille de route adaptée aux débutants, aux utilisateurs avancés et aux ingénieurs IA en production.

1-Pour les Débutants : Construire des Fondations Solides

L'apprentissage de l'IA commence par la maîtrise des bases en programmation et en manipulation de données avant d'explorer les modèles de machine learning et deep learning.

Étapes clés

+ Apprenez Python – Maîtrisez les bases et les bibliothèques essentielles :

- Pandas pour la manipulation des données.
- NumPy pour les calculs scientifiques et les matrices.

+ Découvrez le deep learning avec TensorFlow ou PyTorch

- Expérimentez avec TensorFlow/Keras pour des modèles faciles à implémenter.
- Testez PyTorch pour une approche plus flexible et modulaire.

+ Explorez le NLP et les LLM avec Hugging Face

- Chargez des modèles comme GPT-2, BERT ou LLaMA avec transformers.
- Expérimentez avec la génération de texte et l'analyse de sentiments.

+ Construisez des projets pratiques

- Chatbots IA avec OpenAI API ou LangChain.
- Classificateurs d'images avec CNN en PyTorch/TensorFlow.
- Systèmes de recommandation avec des techniques de filtrage collaboratif.

2-Pour les Utilisateurs Avancés : Approfondir l'IA et le Déploiement

Une fois les bases maîtrisées, l'objectif est de créer des solutions IA plus robustes, d'optimiser les performances et d'explorer le déploiement en production.

Approfondir le Développement IA

+ Développez des agents IA autonomes avec LangChain

- Construisez des IA capables de raisonner et d'agir en interagissant avec des outils externes.
- Expérimentez avec AutoGPT et BabyAGI pour des agents autonomes.

+ Optimisez l'inférence IA pour plus d'efficacité

- Accélérez vos modèles avec TensorRT (NVIDIA) et ONNX Runtime.
- Utilisez quantization et pruning pour réduire la taille et le temps d'exécution des modèles.

+ Déployez des modèles IA en production

- Conteneurisez avec Docker pour un environnement reproductible.
- Orchestrez vos modèles avec Kubernetes (K8s) pour la scalabilité.
- Suivez et gérez vos modèles avec MLflow pour le MLOps.

3-Pour les Ingénieurs IA en Production : Maîtriser l'IA à Grande Échelle

Les ingénieurs IA doivent maîtriser le cycle de vie des modèles, les architectures complexes et les nouvelles avancées technologiques.

Optimisation et Déploiement

+ Maîtrisez les outils MLOps pour l'industrialisation des modèles IA

- DVC (Data Version Control) pour la gestion des datasets.
- Kubeflow pour automatiser les pipelines IA.
- Monitoring avec Prometheus & Grafana pour surveiller les performances.

+ Travaillez sur des architectures multi-agents IA

- Développez des systèmes où plusieurs IA collaborent pour exécuter des tâches complexes.
- Expérimentez avec CrewAI et CICERO pour des agents stratégiques et autonomes.

+ Expérimentez avec l'Edge AI et l'IA quantique

- Implémentez l'Edge AI avec NVIDIA Jetson ou Google Coral pour embarquer des modèles sur des dispositifs IoT.
- Explorez l'IA quantique avec PennyLane et Qiskit pour comprendre les futurs paradigmes du machine learning.

Conclusion

Cette stratégie d'apprentissage permet de passer progressivement de débutant à expert en IA. Elle couvre l'ensemble du cycle, de la formation aux modèles de base à l'optimisation et à l'industrialisation des modèles IA à grande échelle.

Table des matières